MOBBiNG
Die Geschichte von BiBi

Loi n° 49-956 du 16 juillet 1949 sur les publications destinées à la jeunesse, modifiée par la loi n° 2011-525 du 17 mai 2011

© 2020 Suzanne Gaede
Verlag: BoD - Books on Demand
12/14 rond-point des Champs-Elysées, 75008 Paris, Frankreich
Herstellung & Druck: BoD - Books on Demand
Norderstedt, Deutschland

Grafische Gestaltung: Emmanuelle Ayrton, Frankreich
Umschlagbild: Poomthai Patummasoot, Thailand

ISBN: 9782322132454

Pflichthinterlegung: Juli 2020

Suzanne Gaede

MOBBiNG
Die Geschichte von BiBi

Zeichnungen:

Poomthai Patummasoot

Dieses Buch gehört:

....

Ich bin ein Kind, das

☐   schon einmal gemobbt wurde.

☐   schon Milchzähne verloren hat.

☐   schon 6 Jahre alt ist.

Hast du mindestens ein Kreuzchen?
Dann darfst du das Buch lesen
(oder es dir vorlesen lassen).

1. MILCHZÄHNE

Es war einmal eine Klasse, in der hatten alle Kinder eine Zahnlücke.

Einige hatten sogar zwei Zahnlücken – und ein grosses Mädchen sogar vier!

Jeden Morgen trafen sich die Kinder auf dem Schulhof.

«Hallo!», rief Jonas. «Ich habe in der Nacht einen Zahn verloren.»

«Hat dir die Zahnfee etwas gebracht?», fragten die Kinder.

«Nein, noch nicht. Ich werde ihn erst heute Abend unters Kopfkissen legen.»

Lena sagte: «Wer möchte meinen Wackelzahn sehen?» Sie riss ihren Mund weit auf. «Brrrrrr, so gruselig», tuschelten die Kinder.

Anna zeigte den Mädchen ihre neuen Haarspangen. «Von der Zahnfee», verriet sie ihnen.

So ging es alle Tage. Die Kinder zeigten sich voller Stolz ihre neuen Zahnlücken oder ihre Geschenke von der Zahnfee.
«Hihi hiii», kicherten sie, «nur Babys haben noch keine Milchzähne verloren.»

Dann läutete die Schulglocke.

Die fröhliche Lehrerin der Kinder hiess Frau Singer.

Dieser Name passte sehr gut zu ihr!

Jeden Morgen setzte sich Frau Singer ans Klavier und spielte der Klasse ein Lied vor.

Sobald die Kinder die Melodie erkennen konnten, durften sie laut mitsingen.

Frau Singer trug ihr Haar offen.

Alle Mädchen wollten ihr Haar offen tragen.

Frau Singer trug farbige Pullover.

Alle Kinder wollten farbige Pullover tragen.

Frau Singer trug Jeanshosen.

Alle Kinder wollten Jeanshosen tragen.

Frau Singer trug Turnschuhe.

Alle Kinder wollten Turnschuhe tragen.

Eines Morgens teilte Frau Singer den Kindern ein Blatt Papier aus.

«Aufgepasst», sagte sie, «alle schreiben auf das Blatt, wie viele Milchzähne sie schon verloren haben.»

Kurz darauf sammelte Frau Singer die Blätter wieder ein.

«Wir machen eine Kettenrechnung», erklärte sie. «Alle zählen die Zahlen zusammen, die ich ablesen werde.»

«So witzig», freute sich Maya.

«Aber bitte langsam», bat Tim.

«Nein, ganz schnell!», rief Max und brachte alle zum Lachen.

Frau Singer sprach laut und deutlich, so wie Lehrerinnen es immer tun:

«1+1+3+2+1+4+2+3+1+2+2+1 = ?»

Die Kinder rechneten voller Eifer.
Jetzt schrien alle durcheinander:

«Bravo, 23 ist richtig!», lobte Frau Singer.
«Ihr habt zusammen 23 Zähne verloren.»
«Oh, so viele!», staunten alle.

2. EINE NEUE SCHÜLERIN

Frau Singer sagte: «Heute kommt eine neue Schülerin zu uns. Ich hoffe, ihr seid alle nett zu ihr. – Versprochen?»

«Ja, ja!», freuten sich die Kinder.

«Das neue Mädchen heisst … »

«Wie, wie?», riefen alle.

«OLENKA BIBIOLOWSKAJA.»

«Waaaas?» «Wiiiee?»

Anna sagte: «Das ist viel zu schwierig.»

Max meinte: «Wir nennen sie einfach Bibi!»

«Ja, genau», nickten die Kinder, «Bibi ist gut.»

In diesem Moment ging die Tür auf.

Ein dünnes, blasses Mädchen stand dort.
Nein! Es trug sein Haar nicht offen!
Es trug einen Haarknoten
mit einer roten
Masche.
Es trug keinen
farbigen Pullover!
Es trug eine Jacke
und eine Bluse.
Es trug keine Hose!
Es trug einen
kurzen Rock.
Es trug keine
Turnschuhe!
Es trug schwarze
Lackschuhe.

«Oh weh», dachten die Kinder und machten ein erschrockenes Gesicht.
«Wer ist das?»
«Von wo kommt sie?»
«Hmmm! Die ist nicht wie wir.»

Das Mädchen lächelte scheu.
Dabei öffnete es seinen Mund.
NEIN! Unglaublich!
Bibi hatte noch keine einzige Zahnlücke!

Tim flüsterte zu Jonas: «Bibi-Baby.»
Jonas flüsterte zu Anna: *«Bibi-Baby.»*
Anna flüsterte zu Lena: **«BIBI-BABY.»**

Die ganze Klasse flüsterte: *«Bibi-Baby.»*

Frau Singer begrüsste Bibi freundlich.
«Guten Tag! Tritt ein! Schön, dass du in unsere Klasse kommst.»

Bibi sagte höflich: «Guuden Takk.»
«Sie kann kein Deutsch», kicherte Max.
«Hihi, kein Deutsch», kicherten alle.

Frau Singer fragte: «Neben wem darf Olenka Bibiolowskaja sitzen?»
Die ganze Klasse schaute zu Boden.

Frau Singer nickte Bibi zu: «Komm, setz dich in die vorderste Reihe neben Anna.»
Anna ärgerte sich darüber und rückte ganz nahe zu ihrer Freundin Lena.

3. ALLE GEGEN EINE

In der Pause stürmte die ganze Klasse zum Klettergerüst.

«Komm, Bibi, komm!», riefen alle.

Jonas und Tim setzten sich auf die hohe Reckstange. Sie liessen sich schnell nach hinten fallen und baumelten wie Glocken an der Stange.

«Jetzt ich», riefen Anna und Lena.

«Jetzt ich», riefen Doris und Maya.

«Jetzt ich», rief Max.

Bibi stand in ihrem kurzen Rock daneben. Still schaute sie den Kindern zu.

«Komm, Bibi», lachten die Kinder frech, «jetzt kommst du dran.»

Bibi rührte sich nicht. Sie konnte unmöglich die Glocke machen. Alle anderen Mädchen trugen lange Hosen.

Die ganze Klasse hätte sie ausgelacht!

Max rief: «Wer die Glocke gemacht hat, der bekommt von meiner Schokolade!»

Alle bekamen ein Stückchen – ausser Bibi.

Doris fragte: «Machen wir Farbenfangen?»

«Ja, ja, einverstanden!»

Doris schrie: «Alle berühren etwas Rotes!»

Jetzt rannten alle Kinder auf Bibi los.

Sie zogen an Bibis Masche.

Sie rupften an Bibis Haar.

Die Masche fiel zu Boden.

Tim kickte sie weg.

Bibi wurde kreideweiss vor Schreck.

«Bibibibi, Bibibibiii», verstellte Jonas seine Stimme, «komm, pick sie auf! Bibibibibiii!»
Anna und Lena begannen mit ihren Armen wie Küken zu flattern.
Die Klasse jubelte vor Vergnügen.
Bibi musste ihre Tränen unterdrücken.
«Nein, nicht weinen», dachte sie ganz tapfer.

«Hallo, wer möchte meinen neuen Leuchtstift sehen?», rief Maya.
«Ich!» «Ich!» «Ich!»
Schnell umringten die Kinder Maya so, dass Bibi nichts sehen konnte.
«Oh, er leuchtet richtig», kicherten alle.
Dabei schielten sie zu Bibi, die traurig ihre Masche aufhob ... und langsam weiter ging.

4. MOBBING

Bibi war nun schon seit vier Wochen in dieser Klasse.

Jeden Tag trug sie ihre rote Haarmasche.

Jeden Tag trug sie ihren kurzen Rock.

Jeden Tag trug sie ihre Lackschuhe.

Jeden Tag sprach sie besser Deutsch.

Frau Singer lobte Bibi oft.

«Bravo Bibi, du lernst sehr schnell.»

«Bravo Bibi, du schreibst sehr schön.»

«Bravo Bibi, du singst sehr gut.»

Das ärgerte die Kinder.

Sie überlegten sich, was sie gegen Bibi tun könnten. Jeden Tag erfanden sie Neues:

Bibi Grimassen schneiden.

Laut herauslachen, wenn Bibi Deutsch spricht.

Bibi erschrecken und ihr dumme Worte nachrufen.

Bibis Schultasche verstecken.

Bibi den Weg versperren.

Bibi nicht mitspielen lassen.

Bibi in den Schmutz stossen.

Bis Bibi endlich anfing zu weinen.

Was sagte Frau Singer dazu?

Sie war sehr erzürnt über die Kinder.

«Stopp», dachte sie, «so geht das nicht.»

«Ich muss mit der Klasse darüber sprechen.»

«DAS IST MOBBING!»

Und Bibi? – Bibi wollte nicht mehr zur Schule gehen. Bibi hatte jeden Tag Angst.

Trotzdem verpetzte sie die Kinder nicht.

Sie war ein sehr tapferes Mädchen. Eigentlich war Bibi viel tapferer als die ganze Klasse.

Natürlich ärgerte das die Kinder noch mehr! Denn jedes von ihnen wusste genau, was es Böses tat. Doch keines hatte den Mut, als erstes damit aufzuhören.

Eines Tages, auf dem Nachhauseweg, jagten alle hinter Bibi her.

«Chrrrrrrrr, ich bin ein Monster», knurrte Jonas.

«Uuuuu, wir fangen und fressen dich», fauchte Tim.

«Mampf, mampf, wir haben Hunger!», schrie Anna.

«Wartet auf mich!», krähte Maya.

«Hihihi, Bibi hat Angst», lachte Doris.

«Achtung, wir kommen!», rief Lena böse.

Bibi lief so schnell sie nur konnte.

Zum Glück war ihr Haus
nicht mehr weit!

Voller Panik öffnete sie das Gartentor.

Bibi schlüpfte hinein, knallte es zu. – Gerettet!

Die Kinder staunten:

«Oh, Bibi wohnt in einem schönen Haus.»

5. WO IST BIBI?

Am nächsten Morgen blieb Bibis Platz leer.

«Wo ist Bibi?», fragte Anna leise.

«Wo ist Bibi?», fragte Lena noch leiser.

«Sie wird noch kommen», flüsterte Jonas.

«Ja, sie wird noch kommen», nickten alle.

Doch Bibi kam nicht!

Frau Singer trat ins Schulzimmer.

«Weiss sie von gestern?», dachten alle und machten ein braves Gesicht.

Aber Frau Singer tat so, als würde sie den leeren Platz nicht sehen.

Während der Pause standen die Kinder eng beisammen.

Alle sprachen aufgeregt von Bibi.

«Ist es wegen uns?», fragte Tim.

«Vielleicht», murmelten einige.

«Kann sein», meinte Lena. «Wir waren nicht immer nett zu Bibi.

«Wir waren nie nett zu Bibi», sagte Doris.

«Wir waren richtig gemein!», rief Max und spuckte dabei auf den Boden.

«Eigentlich hat uns Bibi gar nichts angetan», sagte Jonas.

«Stimmt», nickte Anna.

«Was sollen wir jetzt tun?», fragte Tim.

Die Kinder überlegten hin und her, doch es fiel ihnen nichts ein.

Am zweiten Tag kam Bibi auch nicht.

Am dritten Tag fragte Frau Singer:

«Wer kann Bibi die Hausaufgaben bringen?»

Die Kinder erstarrten. Niemand wollte zu Bibi nach Hause gehen!

«Wir wissen nicht, wo Bibi wohnt», sagten alle und guckten dabei auf ihre Füsse.

Frau Singer fragte streng:

«Warum?...»

Genau in diesem Moment klopfte es an der Tür. Der Schulleiter kam herein und winkte die Lehrerin in den Korridor hinaus.

Alle Kinder zuckten zusammen.

«Sind die Eltern von Bibi hier?»

Im Schulzimmer wurde es ganz still.

Niemand hatte Lust zu lachen.

Alle warteten und

warteten und …

Zum Glück!

Die Schulglocke läutete!

Frau Singer streckte den Kopf ins

Zimmer und rief: «Ihr könnt gehen!»

6. EIN GEHEIMNIS

Am nächsten Morgen kamen die Kinder mit schlechtem Gewissen zur Schule.
«Was wird Frau Singer sagen?»

Die Lehrerin begann den Unterricht mit einem Lied – so wie jeden Tag.
Es wurde gerechnet – so wie jeden Tag.
Es wurde geschrieben – so wie jeden Tag.
Es wurde gezeichnet. Halt!
Nicht so wie jeden Tag.
In der Zeichenstunde war alles anders als sonst.

Frau Singer fragte:

«Was möchtet ihr zeichnen?»

«Ein Tier?»

«Eine Blume?»

«Ein Fahrzeug?»

Die Kinder schauten sich an.

Nein, sie wollten kein Tier zeichnen.

Nein, sie wollten keine Blume zeichnen.

Nein, sie wollten kein Fahrzeug zeichnen.

Anna nahm ihren ganzen Mut zusammen.

Sie stand auf und sagte:

«Frau Singer, wir könnten für Bibi eine Zeichnung machen.»

Dann drehte sie sich zur Klasse und rief:

«Seid ihr einverstanden?»

«Jaaa!», schrie es von allen Seiten. «Für Bibi! Gute Idee!»

«Ja, bravooo, bravooo», klatschte Tim, «das machen wir.»

«Eine **RIESIGE** Zeichnung!», krähte Max.

Frau Singer freute sich sehr darüber.
Sie ging zum Schrank und holte das grösste Blatt Papier, das sie dort fand.

Die ganze Klasse durfte sich um ihren Tisch setzen.

«Was sollen wir zeichnen?», überlegten alle.

«Bibi auf einer Giraffe», schlug Tim vor.

«So ein Blödsinn», antwortete Jonas.

«Finde ich gut», sagte Anna, «wir zeichnen etwas, das Bibi zum Lachen bringt.»

«Aber eine Giraffe ist doof», meinte Jonas.

«Vielleicht Bibi, wie sie mit uns Schokolade isst?», murmelte Max.

«Wir könnten uns alle selber zeichnen», rief Doris, «aber besser ohne Schokolade.»

«Und mitten drin zeichnen wir Bibi», lachte Maya.

«Wie auf einem Wimmelbild», nickte Anna.

«Ja, sehr gut», freute sich Max, «wir malen ein richtiges Wimmelbild. Darunter schreiben wir: HALLO Bibi.»

Mitten im Zeichnen fragte Lena, was alle schon lange wissen wollten.

«Frau Singer», sagte sie leise, «warum kommt Bibi nicht mehr zur Schule?»

Die Kinder hörten auf zu zeichnen. Sie hörten auf zu atmen. Alle schauten mit roten Köpfen zu ihrer Lehrerin.

Frau Singer sagte nichts. – Kein Wort!
Sie zuckte nur ihre Schultern.

«Ist Bibi vielleicht krank?», fragte Lena ein wenig lauter.

Frau Singer zuckte wieder ihre Schultern, doch sie lächelte ein klein, klein bisschen.

Jetzt riefen alle durcheinander:

«Wann kommt Bibi?»

«Was hat Bibi?»

«Wo ist Bibi?»

«Ich kann nichts sagen», verriet ihnen Frau Singer. «Es ist ein Geheimnis.»

«Ein Geheimnis?», staunten die Kinder.

7. MUSIK

Die Zeichnung wurde sehr witzig!

Die Kinder malten hinten auf dem Blatt noch viele kleine Blumen darauf.

Frau Singer lobte die Klasse.

«Bravo», sagte sie, «das habt ihr sehr schön gemacht. – Möchtet ihr Bibi die Zeichnung bringen? Oder möchtet ihr sie lieber mit der Post schicken?»

«Bringen, bringen!», riefen alle.

«Wer weiss denn, wo Bibi wohnt?», fragte Frau Singer. Dabei schaute sie langsam von einem Kind zum anderen.

Max munkelte: «Frau Singer, äh, äh, vielleicht wissen SIE, äh, wo Bibi wohnt?»

«Stimmt», nickte Frau Singer, «aber ihr alle wisst es auch.»

Es wurde ganz, ganz, ganz, ganz still.

Plötzlich platzten alle mit Lachen heraus. Sogar die Lehrerin!

«Also los», sagte Frau Singer, «zieht eure Schuhe an, wir gehen. Aber vorher schreibt ihr zwischen die Blumen …»

ENTSCHULDIGUNG

Das Haus von Bibi war nicht weit entfernt.

Die Kinder rannten bis zum Gartentor.

«Dürfen wir klingeln?», schrien sie fröhlich.

Aus dem Haus tönte laute Klaviermusik.

Die Kinder klingelten.

Nichts bewegte sich.

Sie klingelten und klingelten.

Niemand kam.

Jonas sagte: «Sie haben die Lautsprecher zu laut eingestellt.»

«Bibi kann uns so nicht hören», meinte Lena.

«Was sollen wir tun? Die Zeichnung ist zu gross für den Briefkasten.»

Frau Singer überlegte.

«Ich werde die Zeichnung am Mittag auf die Post bringen», versprach sie den Kindern.

8. EINE E-MAIL

«Ist ein Brief von Bibi angekommen?», fragte Max schon am nächsten Tag.

«Ich glaube, wir müssen zwei Tage warten, bis sie antwortet», sagte Maya.

«Ich denke drei Tage», sagte Anna.

«Oder sogar vier», sagten die anderen.

Doch auch am vierten Tag kam kein Brief. Auch am fünften nicht, auch am sechsten nicht. Es kam überhaupt kein Brief!

«Ist uns Bibi böse?», fragte Doris traurig.

«Ja, bestimmt», antworteten alle.

Frau Singer tröstete die Kinder.
«Wir müssen Geduld haben», meinte sie,
«Bibi schreibt uns vielleicht morgen.»
Doch nein! Es kam keine Antwort.
Einfach nichts! Immer wieder nichts!

Langsam aber sicher fragte niemand mehr nach einem Brief. Die Kinder gewöhnten sich daran. Sie sprachen nur noch selten von Bibi.

Auf dem Schulhof zeigten sie sich wieder ihre Zahnlücken oder ihre Geschenke von der Zahnfee.

Bis zu dem Tag, an dem Frau Singer den Unterricht nicht mit einem LIED begann, sondern mit einem RÄTSEL.

«Wer kann es erraten?», fragte sie die Klasse.

«Es fängt mit B an.»

«Kann man es essen?», riefen einige.

«Nein.»

«Hat es Flügel?»

«Nein.»

«Hat es Haare?»

«Ja.»

«Hat es Beine?»

«Ja.»

«Ein Bär!» «Ein Biber!»

«Bi ist gut, aber es hat vier Buchstaben.»

«Bi … Bi … Bi … mit vier Buchstaben?»

«Ist es ein Mädchen?», schrie Max.

Wie mit einem Schlag krähten alle:

Frau Singer nickte und sagte:

«Stellt euch alle um den grossen Schreibtisch.

Bibi hat uns eine E-Mail geschickt.»

In aller Eile drängten die Kinder nach vorn.

Jedes wollte die Zeilen zuerst lesen.

> Liebe Klasse,
> ich kommen bald. Ich viel, viel arpeiten. Ich machen Überraschung. Danke für lustig Zeichnung. Bibi

«Welche Überraschung?!?», fragten sich alle.

9. MOZART

Frau Singer rollte ein riesiges Plakat aus.

«Wo soll ich es aufhängen?», fragte sie die Klasse.

«Was steht darauf?», riefen die Kinder.

«Bibi hat es uns geschickt.»

«Bibi? Warum Bibi?», wunderten sich alle.

Auf dem Plakat waren ein Mann, eine Frau und ein Klavier abgebildet.

Darunter stand:

Der berühmte Pianist Dimitri Bibiolowskaj

Die berühmte Sängerin Ewa Bibiolowskaja

geben im grossen Konzerthaus ein Konzert. Auf dem Programm steht «Mozart».

«B-i-b-i-o-l-o-w-s-k-a-j-a», buchstabierte die Klasse das lange Wort ab.
«Tztzz, diesen Namen habe ich schon einmal gehört», überlegte Lena.
«Ich auch», nickte Jonas, «aber wo?»
Tim fragte: «Was ist Mozart?»

Maya hob
ihre Hand auf.
Maya war eine
Leseratte und
wusste darum
(fast) alles.

«Mozart war ein Wunderkind», sagte Maya. «Er spielte mit fünf Jahren Konzerte. Und mit fünf Jahren komponierte er bereits.»
«Was? Ehrlich?», staunten alle.

Frau Singer erklärte: «Mozart kam vor fast 250 Jahren auf die Welt. Sein Vorname ist:

Wolfgang Amadeus.»

«Stellt euch vor», fuhr Frau Singer fort, «Bibi lädt uns alle zum Konzert ein.»

«Ach jaaa!», schrie Anna. «Jetzt weiss ich es wieder! Bibi heisst so!»

«Es muss ihr Vater sein», überlegte Maya.

«Die Frau ist ihre Mutter», meinte Max.

Die Kinder jubelten: «Hurra, wir gehen ins Konzerthaus!»

«Ich war noch nie dort», sagte Lena.

«Ich auch nicht», sagte Jonas.

«Ich auch nicht», sagten alle miteinander.

«Oh, da müssen wir uns aber gut benehmen», lachten die Kinder. «Hahahahaha … und sehr elegant angezogen sein!»

10. IM KONZERT

Im Konzerthaus sah es aus wie in einem Schloss. Alles glänzte und war mit Gold verziert. Die Kinder sassen auf weichen Sesseln in der ersten Reihe oben. Zum Glück hatten sich alle hübsch gemacht.

Jonas und Tim trugen sogar eine Fliege.

Vorne war eine riesige Bühne. Darauf stand ein grosses, schwarzes Klavier.
«Nein, es ist kein Klavier», flüsterte Maya, «es ist ein Konzertflügel.»

Der Saal verdunkelte sich. Es wurde still. Nur ein paar Leute hüstelten noch ein bisschen. Jetzt kamen der Pianist und die Sängerin herein. Das Publikum klatschte vor Freude. Frau Ewa Bibiolowskaja trug ein langes Kleid, das glitzerte und glänzte.
Die Kinder fragten so leise sie konnten: «Ist das die Mutter von Bibi?»
Herr Dimitri Bibiolowskaj setzte sich an den Flügel. Er lächelte seiner Frau zu. Man sah, dass er sehr stolz auf sie war.

Er begann zu spielen. Zuerst nur leise, dann immer lauter.

Frau Ewa Bibiolowskaja fing zu singen an.

Mit ihrer grossen, prächtigen Stimme füllte sie den ganzen Saal – ohne Mikrofon!

«Das ist ja unglaublich», flüsterte Doris.

«Stimmt, unglaublich», flüsterte Max.

«Ja, unglaublich», flüsterten alle.

Das Lied wurde schneller und schneller.

Frau Bibiolowskaja sang höher und höher.

Es klang wie ein Feuerwerk mit der Stimme!

Das Publikum klatschte begeistert.

Die beiden Künstler verneigten sich.

Es folgten ein zweites und ein drittes Lied.
Die Leute jubelten: «Bravo! Bravo!»
Anna fragte: «Frau Singer, können Sie diese Lieder auch spielen?»
«Nein, das ist für mich zu schwierig. Es waren nicht Lieder, sondern Arien. – Opernarien.»
Der Applaus wollte nicht mehr aufhören.

Herr Bibiolowskaj stand auf. Er verneigte sich nochmals und bat dann um Stille.
«Sehr verehrtes Publikum», sagte er glücklich, «meine Frau und ich haben Ihnen heute eine Überraschung mitgebracht.»
Von hinten kam langsam ein kleines Mädchen auf die Bühne.
Im Haar trug es eine rote Masche.

Das Mädchen ging zum grossen Flügel.
Herr Bibiolowskaj musste noch schnell den Stuhl höher schrauben.

Bibi lächelte zur Klasse hoch.
Die Kinder winkten ihr ein klein bisschen.
Bibi setzte sich. Sie legte langsam ihre Hände auf die Tasten – dann begann sie zu spielen.
Ihre Finger tanzten hinauf und hinunter.
Manchmal leise, manchmal laut.

«Oh, hervorragend», flüsterte die Frau hinter Anna zu ihrem Mann. «Sie spielt fast wie der kleine Mozart.»
Die Kinder drehten sich um und sagten stolz: «Sie heisst Bibi. Wir kennen sie!»

11. BUNTE FÄHNCHEN

Am nächsten Morgen wollten die Kinder kein Lied singen.

Sie wollten nicht schreiben.

Sie wollten nicht zeichnen.

Sie wollten nur über das Konzert sprechen.

Maya fragte: «Ist Bibi ein Wunderkind?»

«So wie Mozart?», riefen alle.

Frau Singer schüttelte den Kopf.

«Nein, das denke ich nicht. Bibi ist einfach sehr fleissig. Sie übt jeden Tag viele Stunden lang.»

«Ahaaaa!», rief Jonas. «DARUM ist sie nicht in die Schule gekommen.»

«Genau», nickte Frau Singer. «Erinnert ihr euch an den Tag, als der Schulleiter an die Tür klopfte?»

«Ja!» «Ja, ja!»

«Damals fragte er mich, ob Bibi wegen dem

Konzert zu Hause arbeiten dürfe.»

«Hahaha», lachte Lena, «jetzt verstehe ich es. Bibis Konzert war das Geheimnis!»

«Erraten», schmunzelte Frau Singer.

«Wir könnten zur Begrüssung von Bibi etwas vorbereiten», schlug Doris vor.

«Wann kommt sie zurück?», riefen die Kinder.

«In drei Tagen», antwortete Frau Singer.

«Da hätten wir genug Zeit, um farbige Fähnchen zu basteln», sagte Lena.

«Ja, super!», riefen alle. «Wir hängen farbige Fähnchen auf!»

12. ROTE MASCHEN

Auf der Wandtafel stand: «Rote Maschen».
Frau Singer fragte die Klasse: «An was erinnert euch das?»
«An Bibi!», kicherten alle.
«Genau! – Ich dachte, es wäre lustig für Bibi, wenn wir morgen alle eine kleine rote Masche tragen würden.»

«Waaas?», schrie Tim. «Ich? Eine rote Masche auf meinem Kopf?»
«Wie ein Osterei», grinste Jonas.
«Das gibt's ja nicht!», heulte Max auf.

«Nie im Leben!!!», krähten Jonas und Tim.

Anna und Lena krümmten sich vor Lachen. Doch beide fanden die rote Masche gut.
Maya fragte: «Dürfte ich sie an der Brille befestigen?»
Doris rief: «Prima Idee! Wir machen sie dort fest, wo wir wollen. Das sähe lustig aus!»

Frau Singer fragte: «Sollen wir abstimmen? Wer möchte mitmachen? Wer nicht?»
Zehn Kinder wollten mitmachen. Nur Jonas und Tim nicht.
«Ihr seid überstimmt», freuten sich alle.
Also holte Frau Singer ihre Schachtel und jedes Kind durfte eine Masche auswählen.

Anna und Lena

klemmten sie ins Haar.

Maya dekorierte ihre Brille.

Doris machte

einen Fingerring

daraus.

«Hmmm», brummten Jonas und Tim, «dann binden wir den blöden Propeller einfach an unseren Turnschuh.»

Alle anderen Kinder steckten die kleine rote Masche irgendwo an ihren Pullover. – Vorn, hinten, oben, unten …

Und Max?
Hahaha!
Max
machte
sie an
seinem
Hosenboden
fest.

13. BOOGIE–WOOGIE

Das Klassenzimmer war bunt geschmückt.
Die Kinder waren ganz aufgeregt.
Zappelnd sassen sie auf ihren Stühlen.

«Es hat geklopft!», schrie Anna als Erste.
«Frau Singer! Es hat geklopft!», schrien alle.
Die Tür ging leise auf.
«Hallo Bibi! Hallo Bibi!», riefen die Kinder.
«Bravo! Du hast super gespielt. Bravooo!»
Alle klatschten so laut sie nur konnten.

Bibis Augen glänzten vor Freude.

«Guten Tag, Bibi», sagte Frau Singer, «schön, dass du wieder bei uns bist.»

«Ist es wirklich Bibi?», rief Tim.

«Ist es wirklich Bibi?», staunte Lena.

«JA! Es ist Bibi!», lachten alle.
«Bibi in HOSEN!»

Bibi sah die vielen farbigen Fähnchen.
«Daaange, daaange», sagte sie glücklich.

Jetzt merkte Bibi, dass die ganze Klasse eine kleine rote Masche trug.
Sie schaute mit grossen Augen von einem Kind zum anderen.
«Das sein serr, serr lustig», schmunzelte sie.

Max stand auf seinen Stuhl und rief:
«Bibi! Schau wo ich die Masche festgemacht habe! Hihihihi!»
Bibi musste laut herauslachen.
Sie zeigte auf ihre neue Hose und antwortete:
«Max schau! Ig jetz können turnen mit dir in Pause. Hihihihi!»

Die Kinder klatschten übermütig.

Plötzlich schrie Jonas: «Das darf ja nicht wahr sein! Mannomann! Habt ihr es gesehen? Bibi hat eine ZAHNLÜCKE!»
«Zeig! Bibi, zeig!», krähten alle durcheinander.

Bibi musste ihren Mund weit aufsperren.
«Oh», staunten alle, «Bibi hat oben und unten einen Zahn verloren.»

Bibi nickte fröhlich: «Zahnfee hat zwei Geschänk bringen.»

Maya fragte: «Frau Singer, darf Bibi uns etwas auf dem Klavier vorspielen?»
«Oh ja! Bitte, bitte», bettelten die Kinder.
«Bibi, möchtest du?», fragte die Lehrerin.

Bibi blinzelte der Klasse zu. – Sie setzte sich ans Klavier und überlegte.
Plötzlich drückte sie die erste Taste. Schon bald hüpften ihre Finger übers ganze Klavier. Ihr rechtes Bein wippte auf und ab, auf und ab. Die Musik wurde immer lustiger.
«Es ist eine Boogie-Woogie», kicherte Bibi.

Zu dieser lustigen Musik konnte niemand mehr still sitzen. Die ganze Klasse sprang auf und tanzte übermütig im Zimmer herum.

Sogar Frau Singer tanzte mit!

Tim schrie: «Nicht aufhören, Bibi!»
Alle krähten: «Noch einen Boogie-Woogie!»
«Noch einen!» «Noch einen!»
Bibi spielte und spielte …

Max rief voller Bewunderung: «Zum Glück ist Bibi in unsere Klasse gekommen!»

«Ja, zum Glück», lachten Anna und Lena.
«Ja, zum Glück», lachten Jonas und Tim.
«Ja, zum Glück», lachten alle miteinander.

Bibis Herz machte vor lauter Freude einen Luftsprung.

Rätsel:

Bibi fand diese Zeichnung am anderen Tag in ihrer Schultasche.

Was denkst du?

Wer ist ein bisschen in Bibi verliebt?

INHALT:

1. Milchzähne 4
2. Eine neue Schülerin 10
3. Alle gegen eine 14
4. Mobbing 18
5. Wo ist Bibi? 25
6. Ein Geheimnis 29
7. Musik 36
8. Eine E-Mail 40
9. Mozart 44
10. Im Konzert 48
11. Bunte Fähnchen 55
12. Rote Maschen 58
13. Boogie-Woogie 62

Suzanne Gaede

war Sängerin und Kinderchordirigentin.

Seitdem ihre drei Töchter erwachsen sind, reist sie als Globetrotterin um die Welt und schreibt Kinderbücher.

In den Dörfern von Afrika begeisterte sie sich für die dortige Kunst des Erzählens.

Von dieser uralten Tradition inspiriert, spielt sie heute ihre Geschichten in Schulen, Bibliotheken und überall dort, wo Kindergruppen sind.

suzannegaede@gmail.com

Poomthai Patummasoot

stammt aus einer berühmten thailändischen Künstlerfamilie. Er ist Maler und ein bekannter Buchillustrator.

Zusammen mit seiner Schwester gab er schon mehrere Bilderbücher heraus. Bis zur Geburt seiner Tochter leitete er die Kindermalschule «Tonsee».

Heute arbeitet er in Thailand als freier Künstler und widmet sich mit Leidenschaft der Erziehung seiner Tochter Poosita.

Poosita Patummasoot

wird acht Jahre alt.

Ihr Lieblingsplatz ist im Malatelier ihres Vaters, wo sie voller Begeisterung mithilft.

Poosita zeichnete für dieses Buch das Schlussbild auf Seite 70 und die Blümchen auf Seite 37.

Danke Poosita!

Von Suzanne Gaede ist beim Verlag BoD erschienen:
KAROLIM: ein Bett bei Mama - ein Bett bei Papa (2018)